L'ANNÉE GALANTE,

BALLET

DONNÉ A VERSAILLES

Le 13 Février 1747.

Alma Venus totum dignissima temperat annum.

Ovid, Fastor. 1°.

Des diverses Saisons la fuite, et le retour,
Tout releve, et remplit le regne de l'Amour.

DE L'IMPRIMERIE

DE JEAN-BAPTISTE-CHRISTOPHE BALLARD,
Doyen des Imprimeurs du Roi, seul pour la Musique.
M. DCC XLVII.

Par exprès Commandement de Sa Majesté.

LES PAROLES sont du S[r] ROY, *Chevalier de l'Ordre de S. Michel.*

LA MUSIQUE du Sr MION.

LES DANSES du Sr LAVAL, *Compositeur des Ballets de SA MAJESTÉ.*

AU ROI.

GRAND ROY, quand ta ſageſſe & ton active ardeur,
Des Lys, de jour en jour, augmentent la ſplendeur,
A tes délaſſemens ma Muſe deſtinée
Sous les traits du Plaiſir te préſente l'Année.
Sous les traits du Travail & des projets guerriers
Mars l'offre à tes regards couverte de lauriers;
Minerve te la peint ſous l'image feconde
De tes ſoins vigilants pour le repos du Monde.
L'Hymen, qui pour ton Fils forme de ſi beaux nœuds,
Précédé par l'Amour, environné des Jeux,
L'Hymen ouvre l'Année, et de ſi doux auſpices
Conſacrent du Plaiſir la pompe & les délices.

Dans ces jours fortunés j'ose élever ma voix.
Le talent s'enhardit par l'honneur de ton choix.

A tout ce qu'un beau Regne enfantoit de miracles,
Ton immortel Ayeul ajouta nos Spectacles.
Un charme souverain de l'oreille, et des yeux,
Evoque les Héros, fait descendre les Dieux,
Les sons de Polimnie appellent sur ses traces
Terpsicore & les Ris dirigez par les Graces,
D'un Art ingénieux les prestiges charmans
Imitent le ressort, le jeu des Elemens,
Et l'Amour, en triomphe amené sur la Scene,
Sait de nouveaux attraits embellir Melpomene.
Nobles amusemens, et dignes du Heros,
Qui du progrès des Arts occupoit son repos !
Tu nous rends ses vertus, ses rapides conquêtes,
Tout l'éclat de sa Cour, l'appareil de ses Fêtes.
Quel bonheur, si nos soins remplaçoient aujourd'hui
Les Talens, que les Dieux firent naître pour lui !

ROY.

LANNÉE GALANTE.

Ce BALLET eſt compoſé d'un *PROLOGUE*, et des quatre Entrées ſuivantes ; *L'HIVER*, *LE PRINTEMS*, *L'ETE'*, *L'AUTONNE*.

ACTEURS ET ACTRICES,

Chantans dans les Chœurs.

DESSUS.

Les Demoiselles

Dun,	Cartou,
Tulou,	Monville,
Delorge,	Masson,
Larcher,	Rollet,
Delastre,	Delorme,
Riviere,	Lablotiere,
Cazeau,	Chedville,
De Lurcie,	Requier,
Montbrun,	Gondré.

BASSES-TAILLES.

Les Sieurs

Albert,	Gratin,
Person,	Le Messe,
Marcelet,	St. Martin,
Le Page-C.,	Sequeval,
Armand,	Dun,
Lefebvre,	Lamarre,
Laubertie,	Godoneche,
Bellanger,	Douzain,
De Serre,	Benoit.

TAILLES.

Les Sieurs

Fel,	Houbeau,
Bourque,	Bornet,
Duchênet,	Cuvillier,
Gallard,	Pinot,
Rochette.	Daigremont.

HAUTES-CONTRES,

Les Sieurs

Levasseur,	Rhone,
Belot,	Duguay,
Dugué.	Le Begue,
Chapotin,	Bazire,
Louatron,	Guedon,
Cordelet,	Bertrand.

PROLOGUE.

Jane biceps, anni tacite labentis origo,...
Præsideo foribus cæli cum mitibus Horis. *Fastor.* 1°.

Janus préside au Tems, il ramene les Jours,
Les Heures qu'il dirige en remplissent le cours.

L'Idée de ce Prologue est tracée dans le premier Livre des Fastes d'Ovide. Janus y est peint, ouvrant les portes du ciel aux Heures. Il commence l'année, il la distribue au Travail & au Repos, deux Divinitez connues sous les noms d'AGENORIE & de MURCIE, qui avoient un temple à Rome.

Tite-Liv. Liv. 2. *Pline.* Liv. 15. c. 29.

ACTEURS CHANTANS.

JANUS,	Le S[r] le Page.
JAGENORIE,	La D[lle] Fel.
MURCIE,	La D[lle] Romainville.

PERSONNAGES DANSANS.

LES HEURES.

La D[lle] Le Breton ;

Les D[lles] Rosalie, Petit, Puvignée, Sauvage, Minot, Duchateau, Devaux.

LA JEUNESSE, et sa Suite.

La D[lle] Puvignée ;

Les Srs Laval, Bourgeois ;

Les D[lles] De Verriere-C. Himblot.

LES SAISONS.

BORÉE, Le Sr Lyonnois ;	ORITIE, La D[lle] Courcelle ;
ZEPHIRE, Le Sr Levoir ;	FLORE, La D[lle] St Germain ;
VERTUMNE, Le Sr Javillier-C. ;	CERÉS, La D[lle] De Verriere-l.
BACCHUS, Le Sr Monservin ;	ARIANE, La D[lle] Beaufort ;

PROLOGUE.

Le théâtre représente le Palais de JANUS : Ce Dieu est sur son Trône, il tient un Sceptre pour commander à l'Année : Il est environné des Mois & des Saisons. AGENORIE Déesse du travail paroît debout sur un Trophée d'armes & d'instrumens avec un coq simbole de la vigilance. Vis-à-vis est MURCIE Déesse de l'oisiveté, couchée sur un lit de pavots & de roses, une Tortue à ses pieds.

JANUS, AGENORIE, MURCIE.

JANUS.

LEGERES filles du Tems,
Revenez sur vos pas, c'est moi qui vous appelle,
Heures, recommencez la carriere nouvelle
Des Jours, des Mois, et des Ans.

LES HEURES paroissent.

CHŒUR DES HEURES.

C'est Janus qui nous appelle,
Sa voix annonce les tems :
Formons la chaîne éternelle
Des Jours, des Mois, et des Ans.

Danse des Heures.

AGENORIE.

Heures, soyez à moi, je vous donne à la Gloire.
Par le Travail le tems est annobli.
Un moment digne de mémoire
Vaut mieux qu'un siecle enseveli
Dans l'indolence, et dans l'oubli.

MURCIE.

Pourquoi courir à la peine ?
Fuyez la Maitresse inhumaine,
Dont le joug vous est présenté.
Les douceurs de l'oisiveté
Font le charme de la vie :
Les Dieux m'ont choisie
Pour leur félicité.

JANUS.

Rivales, qui du Tems vous disputez l'empire,
Sources du vrai bonheur où l'univers aspire,

Regnez,

Regnez, mais tour-à-tour : Déeſſe du loiſir,
Prêtez à la foibleſſe un appui néceſſaire :
Vous, par un travail ſalutaire,
Préparez le retour, et le goût du Plaiſir.

AGENORIE.

Volez Guerriers, volez aux rapides conquêtes,
Qui d'un Roi triomphant ſignalent tous les ans.
Goûtez de ſes travaux les ſuccès éclatans.

MURCIE.

A l'ombre des lauriers, à l'abri des tempêtes,
Peuples, voyez couler les tranquiles momens,
Qu'il embellit pour vous par de brillantes Fêtes.

JANUS.

Il prépare, il ſoumet tous les évenemens :
De diverſes Saiſons, ſa vertu fait uſage.

AGENORIE, ET MURCIE.

Toutes lui doivent leur hommage.

JANUS.

Vous, qui des Dieux diſpenſez les bienfaits,
Saiſons, à ſes regards raſſemblez vos attraits.

Que des fleurs du Printems la terre ſe couronne.
Eté, prodiguez-lui vos fecondes ardeurs.
Arbres, ſoyez courbez ſous les fruits de l'Autonne.
Vous, Hyver, des Saiſons recueillez les faveurs.

Danſe des Saiſons.

JANUS.

Volez Heures, volez, et gravez dans les cieux,
Le moment du bonheur du monde :
De l'avenir l'obscurité profonde
Se dévoile à mes yeux.
L'Hymen a réuni le plus beau Sang des Dieux ;
Que la Terre aplaudisse, et que le Ciel réponde.

L'Amour que célébrent vos chants,
Ne fit jamais briller de plus heureux présages ;
Jamais l'Amour n'a mérité d'hommages,
Plus sinceres & plus touchans.

On danse.

AGENORIE, ET LE CHŒUR.

On célébre, on révére
Tous les Dieux tour-à-tour :
Leur gloire est passagere,
Chacun n'a que son jour ;
Mais l'ANNÉE entiére
Est la fête de l'Amour.

On danse.

MURCIE, ET LE CHŒUR.

Des vœux purs & fidelles,
Exprimez sans détour,
Préférences mutuelles,
Doux aveux, tendre retour,
Voilà l'encens des Belles,
Et la fête de l'Amour.

FIN DU PROLOGUE.

L'HIVER.

Mutua sese inter læti convivia jungunt,
Indulget genialis Hiems, curasque resolvit.

Georgic. 1°.

Libre de soins & de travaux,
Par le plaisir L'HIVER ouvre l'Année:
Aux danses, aux festins la saison destinée
Le dispute à des jours plus sereins & plus beaux.

ON a peint L'HIVER sous l'aspect le plus riant: On le caracterise par le repos de la Nature, par les charmes de la Societé, par les délices de la table, qui dépendent de la galanterie, et de l'enjoûment, autant que de l'Abondance.

COMUS, Dieu des Fêtes, des Réjouissances, arbitre du goût, et qui présidoit à la parure, et aux Toilettes, * s'unit à Venus, qu'on a placée dans la plus favorable époque, dans le tems où elle jouit encor de tous ses droits à l'estime des hommes & des Dieux.

* Philostrate 3e. tableau, Vossius de l'Idolâtrie. Cartari.

MOMUS & les Graces doivent rendre la fête complette: Par leur alliance, la plaisanterie devient plus douce, et les agrémens plus piquans.

On a donné à ces personnages des motifs de quitter le ciel pour la terre, où il falloit placer la Scéne. Si cette fiction n'est pas d'Ovide, elle est une légére imitation des siennes.

ACTEURS CHANTANS.

VENUS,	La D^lle Chevalier.
EUPHROSINE,	La D^lle Coupée.
COMUS.	Le Sr de Chassé.
MOMUS,	Le Sr Poirier.

PERSONNAGES DANSANS.

SUITE DE MOMUS.

La D^elle Dallemand;

Le S^r Le Voir; La D^elle Lyonnois.

Les Srs Dangeville, Hamoche, Lyonnois, Duval, Laval, Bourgeois.

SUITE DE COMUS.

Les Srs Matignon, Dumay; Les D^elles Thiery, Sauvage;

Les Srs Javillier-C., Feuillade; Les D^elles Minot, Brisseval.

L'HIVER.

Le Théâtre repréſente des Arbres dépouillés, Des Rochers couverts de Neiges & de glaçons.

SCENE PREMIERE.

VENUS, EUPHROSINE.

VENUS.

SANS ma fuite, Vulcain devenoit mon Epoux;
Il falloit éviter une chaîne cruelle.
Mais vous, ma Compagne fidelle,
Vous regardez le Ciel, le regreteriez-vous?

EUPHROSINE.

Je croyois la Terre plus belle.

Vous m'annonciez un ſpectacle flateur,
Des ruiſſeaux argentez, un verdoyant feuillage,
Des fleurs, des fruits le riant aſſemblage;
La terre me paroît d'une ſeule couleur. *

VENUS.

De Flore & de Cérès l'Hyver détruit l'ouvrage;
Mais qu'importe, un azile agréable ou ſauvage,
S'il me rend ma tranquilité.

EUPHROSINE.

Le Ciel vous menaçoit d'un fatal eſclavage;
Reſpirez l'allegreſſe avec la liberté.

VENUS.

Souhaitez-moi toujours un cœur libre & paiſible.

EUPHROSINE.

Aux empreſſemens des Dieux
Vous étiez ſi peu ſenſible!

VENUS.

L'empreſſement n'eſt pas ce qui ſéduit le mieux;
Un Amant plus diſcret, plus ſoumis, plus ſincere,
Peutêtre trouveroit le ſecret de me plaire.
J'avois cru l'oublier en m'éloignant des cieux.

EUPHROSINE.

Et ſon image encor vous en devient plus chere

* Unius tellus ante coloris erat. *Metam.* 1°.

VENUS.

Elle me ſuit juſqu'en ces lieux.

Un ſonge cette nuit a calmé mes allarmes.
Non, je veillois, un ſonge a moins de charmes.

Un Dieu s'offroit à mes regards,
Plus âgé que l'Amour, et plus jeune que Mars.
La nuit, et les frimats fuyoient ſur ſon paſſage :
Il étoit entouré de vaſes précieux ;
Ses autels reſſembloient à la table des Dieux.
De Bacchus, de Pomone, il recevoit l'hommage ;
Couronné de lierre, il chantoit avec eux.
Moins d'art que de tranſports.... Concerts délicieux !
Les plus tendres ſermens m'aſſuroient de ſa flâme...
Une céleſte joye éclatoit dans ſes yeux,
Elle a paſſé juſqu'au fond de mon ame.

EUPHROSINE.

De Comus dans ce ſonge on reconnoît les traits :
Mais d'une vaine erreur vous laiſſez-vous ſéduire ?
Trop néceſſaire aux Dieux, pour les quitter jamais,
Qui pourroit ici le conduire ?

On entend gronder les vents.

EUPHROSINE.

Quel bruit affreux ! Quels vents !

VENUS.

Ces tyrans des hivers,
Sans nous cauſer d'effroi peuvent troubler les airs.

SCENE II.

VENUS, EUPHROSINE,

CHŒURS, derriere le théâtre.

CHŒUR.

CHantons à l'abry de l'orage,
Qu'il anime encor nos chansons,
Des Aquilons bravons la rage,
Et le caprice des saisons.

VENUS.

Il est donc des plaisirs que l'Hiver fait renaître?

EUPHROSINE.

Sachons à qui l'on doit ces sons harmonieux.

VENUS.

Fugitives, craignons les regards curieux.

EUPHROSINE.

Observons tout, avant que de paraître.

CHŒUR.

Chantons, &c.

SCENE III.

Le Palais de Comus s'ouvre : Il y paroît avec sa suite, et tout l'appareil d'un festin.

COMUS, MOMUS, CHŒUR.

CHŒUR.

Regnez, divin Comus, l'Hiver vous doit sa gloire :
La saison des frimats sert à votre victoire.

MOMUS.

Les Dieux de ton triomphe ont dressé l'appareil ;
Voi Pomone & Bacchus unis sous ton empire ;
Voi leurs dons embellis des baisers du Zéphire,
Et des doux regards du Soleil.

CHŒUR.

Regnez, &c.

On danse.

COMUS, ET MOMUS.

Folâtrer, boire & rire,
C'est l'art de maîtriser le tems.

CHŒUR.

Doux & sage délire,
Tu rens sereins tous nos instans.

MOMUS.

Ne doit-on les beaux jours
Qu'au Soleil, à l'Aurore ?

MOMUS. *Tu peux*
COMUS. *Je peux* } *En faire encore*
Eclore.

CHŒUR.

Notre bonheur l'honore :
Sous tes loix l'âge d'or recommence son cours.

COMUS.

Les trésors, les grandeurs
Ne sont qu'un esclavage.

CHŒUR.

Songes flateurs,
Trompeuse image !

COMUS ET MOMUS.

MOMUS. { *Aux présens dont tu fais usage,*
COMUS. { *Aux présens dont j'offre l'usage,*
Le partage
Ajoûte un prix.

CHŒUR.

Rien ne fait ombrage
A tes favoris.

On danse.

COMUS, Une Coupe à la main.

Charmant Nectar, liquide flâme,
Fais couler avec toi le plaisir dans notre ame.

Diane pour nous seuls dépeuple les Forêts,
Thetis nourrit pour nous les habitans des Ondes,
L'Air se remplit d'Oiseaux, pour tomber sous nos traits:
Mais le Goût languiroit sans tes ardeurs fecondes,
C'est par toi qu'il s'éveille, et ne s'éteint jamais.

CHŒUR.

Regnez, divin Comus, l'Hiver vous doit sa gloire;
La saison des frimats sert à votre victoire.

SCENE IV.

VENUS, EUPHROSINE, COMUS, MOMUS, CHŒUR.

VENUS, à part.

MOn songe s'accomplit, ou renaît à mes yeux;...
C'est Comus que je vois : quelle magnificence!

A MOMUS.

Vous, Comus!.. Eh qui peut dédommager les Dieux
Du charme de votre présence?

COMUS.

Les Dieux n'ont rien à ſouhaiter :
Les Fêtes dont je ſuis l'inventeur & le maître,
Autrefois ſavoient les flatter ;
Tout leur étoit nouveau, tout pouvoit le paraître.
Le gout s'épure trop à ſentir, à connaitre.
Les mortels, nés pour deſirer,
Ne vivent que pour m'implorer.

VENUS.

Eh ! Comus ſe borne à leur plaire !
La terre eſt un ſejour qu'à l'Olympe il préfere!

COMUS.

Vous venez l'embellir : Qu'aurois-je à regretter ?

VENUS.

Quoi, Comus ſi flateur !

COMUS.

Non, il n'eſt que ſincere,
C'eſt le cœur de Venus qu'il voudroit mériter.

VENUS.

Mais, il a sû long-tems ſe taire.

COMUS.

Les plus fiers immortels vous adreſſoient leurs vœux,
J'étois ſoumis à leur puiſſance :
Victime, hélas, de mon obéiſſance,
J'amenois à vos piés les plaiſirs, et les jeux :

Toujours troublé, contraint au milieu de ces fêtes,
L'amour, dont je brûlois, n'osoit se découvrir;
L'Olympe vous offroit de plus belles conquêtes,
Et je n'avois qu'un cœur à vous offrir.

VENUS.

Les plus éclatans sacrifices
Sont-ils les plus chers à l'Amour?
La vanité veut le grand jour,
Le mistere a d'autres délices.

Un songe m'a tracé vos feux,
J'écoutois un Amant soumis, empressé, tendre....

COMUS.

Quel espoir peut flatter ses vœux?

VENUS.

Je craignois moins alors de vous l'apprendre.

COMUS.

Pourquoi craindre l'ardeur dont mon cœur est épris?

VENUS.

Vous savez quel malheur m'a contrainte à la fuite.
Mes plaintes dans le Ciel, mes pleurs vous l'ont apris:
Que sai-je si la peur des tourmens que j'évite,
D'un autre sentiment n'affoiblit pas le prix?

COMUS.

Vous quitteriez des Dieux le Monarque suprême,
Vous oublieriez pour moi l'honneur de l'enflamer,
Que rien n'ajoûteroit à la tendresse extrême
Dont je me sens animer:
Non, non, Venus pour charmer
N'a besoin que d'elle-même.

VENUS.

Vous fixer, ce seroit trop exiger de vous:
Arbitre des plaisirs, on vous cherche, on vous aime;

COMUS.

Un regard de Venus sait les rassembler tous.

VENUS.

Si Comus s'occupoit de sa seule tendresse,
Le monde y perdroit les beaux jours,
Inspirez, ressentez la plus vive allegresse,
Pour la consacrer aux Amours.

ENSEMBLE.

Le doux Plaisir s'envole de la table;
Ce n'est que par l'Amour qu'il peut être arreté.
VENUS. { *Le goût tient à la nouveauté.*
COMUS. { *Le sentiment est plus durable.*

COMUS, ET LE CHŒUR.

Que Venus regne en ces lieux,
Elle manquoit à notre empire:
Elle attire
Les Ris, les Jeux,
Elle inſpire
Les tendres feux.
Un regard de ſes yeux,
Un ſourire
Nous ouvre les cieux.

On danſe.

EUPHROSINE.

L'Amour doit être
Votre ſeul maître:
Non, ſans lui
Tout n'eſt qu'ennui.
C'eſt ſans peine
Qu'il vous mene
Au bonheur
Où tend votre cœur.

On danſe.

COMUS, VENUS, MOMUS, EUPHROSINE.

Bruyant fracas,
Pompeux embarras,
Notre azile
Ne vous regrette pas.

CHŒUR.

Qu'il est tranquile,
Qu'il a d'appas!
Le plaisir fertile
Naît sous nos pas.

MOMUS, ET COMUS.

Rendons au monde
La liberté,

TOUS QUATRE.

Source féconde
De volupté.

VENUS, ET EUPHROSINE.

L'aimable guide
Que le penchant!

TOUS QUATRE.

Il nous décide
Dans un instant.

COMUS.

COMUS, ET MOMUS.

Que le caprice
Soit respecté.

TOUS QUATRE.

Qu'il embellisse
La nouveauté.

CHŒUR.

Bruyant fracas, &c.

COMUS, ET MOMUS.

Que la Folie
Fasse leçon.

TOUS QUATRE.

Qu'elle plie
L'orgueilleuse Raison.

EUPHROSINE, ET MOMUS.

EUPHROSINE. { *Juge sincere,*
Puissent tes traits
Toujours plaire! }

MOMUS. { *Grace legere,*
Prête à mes traits
De quoi plaire, }

ENSEMBLE.

Sans blesser jamais.

VENUS, ET COMUS.

Qu'ici fleuriſſent
Tous les Plaiſirs,

TOUS QUATRE.

Qu'ils rempliſſent
Tous nos deſirs.

CHŒUR.

Bruyant fracas,
Pompeux embarras,
Notre azile
Ne vous regrette pas.

Qu'il eſt tranquile,
Qu'il a d'appas!
Le plaiſir fertile
Naît ſous nos pas. On danſe.

FIN DE LA PREMIERE ENTRE'E.

LE PRINTEMS.

Et formosa Venus formoso tempore digna est :
Nec Veneri tempus quam ver erat aptius ullum.

Fastor 4°.

Dans ce réveil de la Nature,
La terre s'ouvre, l'air s'épure :
La terre rend la vie à tous ses habitans ;
Quand Vénus vint au monde, on étoit au Printems.

ON a rassemblé tous les objets du Printems, le dégel des eaux, l'ouverture des feuilles, & la naissance des fleurs.

ZEPHIRE & FLORE, séparez pendant l'hyver par la violence d'Aquilon, se retrouvent & renouvellent de tendresse. FLORE étoit rentrée dans le sein de la terre, ZEPHIRE languissoit de l'absence, ZEPHIRE plus constant qu'il ne paroît l'être : Le réhabiliter ainsi, a paru le seul moyen de le rendre interessant.

ACTEURS CHANTANS.

ZEPHIRE,	Le S^r	Jeliote.
FLORE,	La D^lle	Fel.
UN RUISSEAU,	Le S^r	Albert.
UNE NAYADE,	La D^lle	Jaquet.

PERSONNAGES DANSANS.

RUISSEAUX.

Les Srs Caillez, Malter-C., Dupré, P-Dumoulin.

NAYADES.

La D^lle Carville;

Les D^lles Rosalie, Petit, Puvignée, Duchateau, Devaux, Lyonnois-C.

BERGERS, ET BERGERES.

La D^lle Sallé;

Le S^r D-Dumoulin, La D^lle Camargo;

Les Srs Matignon, Dumay, Hamoche, Malter-L., F. Dumoulin, Dangeville;

Les D^lles Courcelle, Saint Germain, Erny, Beaufort, Thiery, Minot;

Les Srs Laval, Bourgeois;

Les D^lles Verriere, Himblot

LE PRINTEMS.

Le theâtre repréſente des Jardins ornez de Caſcades, et des arbres couverts d'un naiſſant feuillage. On voit les RUISSEAUX & les NAYADES appuyez ſur leurs Urnes.

SCENE PREMIERE.

UNE NAYADE, UN RUISSEAU.

CHŒUR.

LIQUIDES tréſors de ces Plaines,
Ondes, coulez en liberté,
L'Hyver ſous de trop dures chaînes
Vous tenoit en captivité.
Reprenez, aimables fontaines,
Reprenez votre cours ſi long-tems arrêté.

On danſe.

LA NAYADE.

Naissez riante verdure,
Ornemens que la Nature
A préparez aux Ruisseaux.

LE RUISSEAU.

Ces arbres rajeunis reprennent leur parure.
Ces feuillages nouveaux
Réjouis de notre murmure,
N'attendent plus que les oiseaux. *

On danse.

CHŒUR.

Revenez aimable Zéphire,
Ramenez Flore parmi nous.

SCENE II.

ZEPHIRE, LES NAYADES, LES RUISSEAUX.

ZEPHIRE.

Flore! Qu'entens-je, ô Ciel! Ah, me la rendrez-vous?
Mais je ne la vois point. J'expire.

* Pereunt victæ sole tepente nives
Arboribus redeunt detonsæ frigore frondes,
Nunc avis in ramo tecta laremque petit. *Fastor.* 1°.

LE RUISSEAU, ET LA NAYADE.

Et quelle fatalité
A pû vous séparer d'elle?
Que votre amour la rappelle;
Vous reverrez sa beauté
Comme une beauté nouvelle.

ZEPHIRE.

Je l'ai perdue, helas! Nous étions dans ces lieux.
Voilà cette fontaine, et ces mêmes bocages:
L'Autonne commençoit à fletrir leurs feuillages,
Flore languissoit avec eux:
Mais des soupirs de flâme
Nous animoient tous deux,
C'est le langage de notre ame,
Quand tout à coup un tourbillon affreux
L'enveloppe, l'enleve, elle échape à mes yeux...
Quel Rival, Quel Dieu me l'arrache?
Où la chercher? quel séjour me la cache?
En vain mes cris plaintifs ont fatigué les Dieux.

LES DRYADES sortent d'entre les arbres, et traversent le Theâtre.

CHŒUR DE DRYADES.

Le Printems, qui commence
Vient nous offrir l'espérance
De jours plus sereins & plus doux.

LE RUISSEAU, AUX NAYADES.

Des Dryades vos sœurs, la troupe vous appelle ;
La terre pour leurs Jeux déja se renouvelle.

LE RUISSEAU, ET LA NAYADE.

A leur danse, unissons-nous.

SCENE III.

ZEPHIRE.

UNique & cher objet d'une flâme si pure,
Vous ignorez mon déséspoir affreux ;
Je ne me plaindrai plus du tourment que j'endure,
S'il me rend plus cher à vos yeux.

Le Printems de ses dons ici me fait hommage,
De Flore cependant rien ne me dédommage,
Et du moment que je la pers,
Je me crois seul dans l'univers.

Unique & cher objet, &c.

SC. IV.

SCENE IV.

FLORE, sortant du sein de la Terre avec les fleurs du Printems, ZEPHIRE.

FLORE.

Suis-je enfin sur la terre? Helas! Le jour me blesse.
Le cruel Aquilon, l'auteur de mon effroi,
Dans ces lieux regne-t'il sans cesse? *
Zéphire, où te trouver? Cher Zephire, eh pourquoi
Me fait-on renaître sans toi?

ZEPHIRE.

Enfin le Ciel la rend à ma tendresse.

FLORE, sans le voir.

C'est lui, sa voix parle à mon cœur.
Je l'entens, je le cherche encore.

ZEPHIRE.

Reconnoissez Zephire au feu qui le dévore.

* Et metuit ne quâ versa recurrat hiems. *Fastor.* 2.

FLORE.

Dans les antres profonds, dans le sombre séjour,
Où Cybele tient son empire,
Où les fruits, pour se reproduire,
De la saison propice attendent le retour,
Je disois : le Soleil luit au moins sur Zephire.

ZEPHIRE.

Le Soleil a semblé partager mes ennuis,
Caché sous un nuage, il a cessé de luire;
Je n'ai point vû de jours, je n'ai vû que des nuits.

Je tremble à vous tracer ce spectacle funeste,
Les arbres arrachez par les vents en fureur,
Les torrens descendus de la voute céleste,
Les champs glacez, la nature en langueur,
Des mortels consternez l'immobile frayeur:
Moi-même je ne dois le soufle qui me reste
*Qu'aux flâmes, que l'Amour conservoit dans mon cœur.**

* Frigora ne possim gelidi sentire profundi,
Qui calet in tepido pectore præstat amor.

Leand. Her.

FLORE.

Mais quel lieu te cachoit? Sous quels abris tranquiles...?

ZEPHIRE.

Vous voyez ces Cyprez, leurs feuillages steriles
Conservez par l'hiver, augmentoient ses horreurs,
Ils étoient baignez de mes pleurs.

FLORE.

L'hiver & ses cruels ravages
Ne m'auroient point causé d'effroi :
Ta présence eût banni l'horreur de ces rivages,
S'il m'eût été permis d'y soufrir avec toi.

ZEPHIRE.

Ne songeons qu'aux plaisirs dont ma peine est suivie.
Je reprens à vos pieds une nouvelle vie,
Et vous rendez pour la premiere fois
L'essor à mes soupirs, et la force à ma voix.

FLORE.

Mon ame se renouvelle
A mesure que je te vois,
Et que je te vois fidelle.

Croirois-tu qu'Aquilon contre nous irrité,
Aquilon moins jaloux, qu'ennemi de ma flâme,
Jusques dans mon azile épouvantoit mon ame
Par de nouveaux soubçons de ta fidélité?

ZEPHIRE.

Ne connoissiez-vous pas & mes feux & vos charmes?

FLORE.

Tu n'étois pas présent pour calmer mes alarmes.

Tu sais combien de fois mon inquiete ardeur,
Ma jalouse délicatesse,
M'ont fait pâlir, rougir, et secher de douleur.
Je te vois, je te parle, et je tremble sans cesse
De ne pouvoir t'arrêter:
Je reproche au Destin les aîles qu'il te laisse;
Et quand je les vois s'agiter,
Je crois que c'est pour me quitter.

ZEPHIRE.

Non non, rien ne vous peut dérober ma tendresse.

Si l'on me voit voler de momens en momens
De la Rose au Jasmin, du Lis à l'Amarante,
Sous de differens ornemens,
C'est toujours Flore qui m'enchante.

FLORE.

Certaine de ton retour,
Je te permets de paroître volage :
C'est de nouveaux tributs enrichir notre amour.
Tes Conquêtes chaque jour
Ne feront qu'ajouter un prix à ton hommage.

ENSEMBLE.

Amour, rempli tous nos instans,
Resserre une chaîne si belle :
Que notre ardeur toujours nouvelle
Dans toutes les saisons ramene le Printems.

ZEPHIRE.

Bergers, peuple cheri de Zephire & de Flore,
Paroissez, vous sentez tout le prix des beaux jours.

FLORE.

Le reste des Mortels les voit & les ignore.

ZEPHIRE.

Un autre soin les flatte, ou les dévore.

FLORE.

Chantez, Bergers, imitez nos amours,
De nos plaisirs les vôtres vont éclore.

On danse.

SCENE V.

ZEPHIRE, FLORE, BERGERS, BERGERES.

CHŒUR.

AImer, et plaire
Sont nos ſeules loix,
Tout amant eſt ſincere
Dans nos bois,
Toute Bergere
N'aime qu'une fois,
Les faveurs fixent notre choix.

ZEPHIRE, ET FLORE.

Dieu de Cythere,
Ne nous quitte pas,
Préviens, anime, éclaire
Tous nos pas.

CHŒUR.

Dieu de Cythere,
Ne nous quitte pas:
Qui ſent mieux que nous tes appas?

FLORE.

L'Amour est-il une foiblesse ?

CHŒUR.

Non, que ce Dieu nous blesse.

ZEPHIRE.

Est-il de beaux jours sans tendresse ?

ENSEMBLE, ET LE CHŒUR.

Contre son bonheur
Faut-il qu'un cœur
S'arme sans cesse ?
Non, que ce Dieu nous blesse.

Aimer & plaire, &c.

FLORE.

Serrons nos chaînes.

ZEPHIRE.

Aimons nos peines.

ENSEMBLE.

Un destin si doux
N'étoit dû qu'à nous.
Tout nous enchante,
Desirs, attente,
Transports, langueurs,
Yvresse des cœurs.

CHŒUR.

Aimer, et plaire,
Sont nos seules loix,
Tout amant est sincere
Dans nos bois,
Toute Bergere
N'aime qu'une fois;
Les faveurs fixent notre choix.

On danse.

FLORE.

Volez, Oiseaux, sur ces naissans feuillages,
Célébrez le retour de l'aimable Printems;
Chantez, que vos tendres ramages
Soient des leçons pour les Amans.

On danse.

LE CHŒUR.

Aimer, et plaire, &c.

FIN DE LA SECONDE ENTRE'E.

L'ETÉ.

Triptolemo, terræque rudi dare semina jussit.
Quernaque glans victa est utiliore cibo.

Fastor. 4°.

Si Cérès n'eut aimé, l'on nous verroit encore
Disputer la pâture aux monstres des Forêts :
Elle épanche ses dons sur un Roi qui l'implore,
L'Eté doit encor plus à l'Amour qu'à Cérès.

TRiptoleme Roi d'Eleusis, à qui Cérès donna un vase contenant toutes sortes de grains, et qu'elle instruisit à semer le bled, est le personnage qu'on met sur la Scene. Il épousa Meganyre *, Princesse de Sicile, attachée au culte de Cérès. Il institua les Ambarvales en l'honneur de cette Déesse. C'étoit une fête qu'on célébroit pendant la moisson par des chants & des danses, elle est décritte au 1er. livre des Georgiques.

* Eustath. Vossius.

ACTEURS CHANTANS.

LE ROI D'ELEUSIS,	Le Sr de Chassé.
MEGANYRE, Princesse de Sicile, Prêtresse de Cérès,	La D[lle] Romainville.
IPHISE,	La D[lle] Coupée.
ARCAS, Ambassadeur de Sicile,	Le Sr Person.
LE CORIPHE'E des Peuples d'Eleusis.	Le Sr Poirier.

PERSONNAGES DANSANS.

PRETRESSES DE CERES.

La D[lle] Verriere-L.;

Les D[lles] Rosalie, Petit, Puvignée, Lyonnois-C., Devaux, Duchateau.

PEUPLES D'ELEUSIS.

Le Sr Dupré;

Les Srs Dupré, Caillez, Feuillade, Javillier-C., Malter-C., P-Dumoulin.

MOISSONNEURS.

Le Sr Levoir.

La D[lle] Lyonnois-L.

Les Srs Hamoche, Matignon, Dumay, Lyonnois;

Les D[lles] Courcelle, S. Germain, Beaufort, Thiery.

L'ETÉ.

Le theatre représente une Campagne couverte de bleds prêts à être moissonnez. L'on découvre un Temple de Cérès dans l'éloignement.

SCENE PREMIERE.

MEGANYRE, IPHISE.

IPHISE.

L'Usurpateur n'est plus, la Sicile est en paix.
Votre vertu, vos larmes, vos attraits
Ont fléchi du Destin la rigueur inhumaine:
Et vos peuples charmez reconnoîtront leur Reine
Dans la Prêtresse de Cérès.

MEGANYRE.

Cérès parmi nous si chérie,

Cérès, dont en naissant j'éprouvai les faveurs,

M'ouvrit ici son Temple, où j'ai caché mes pleurs.

IPHISE.

De vos pleurs la source est tarie.

MEGANYRE.

Eh! Quel Héros, quel Dieu délivre ma Patrie!

C'est lui, c'est le Monarque adoré dans ces lieux,

C'est ce Mortel si semblable à nos Dieux,

Dont sur mon sort l'ame attendrie,

Dont les soins empressez, les soupirs, et les vœux

Font tout le bonheur de ma vie.

Il ignore mon rang, j'oublie aussi le sien,

Le seul panchant des cœurs forme notre lien.

IPHISE.

Goutez une douce espérance,

Quand le sort vous rend tous vos droits.

Ah! Qu'il est beau d'aquitter à la fois

L'Amour & la Reconnoissance!

Votre secret doit bien-tôt éclater.

MEGANYRE.

Gardons encor un ſilence
Dont l'Amour peut profiter.

Oppoſons mon rang à moi-même:
Arcas chargé des vœux de mon Peuple, et des miens,
Cher Prince, avec ma main t'offre mon Diadême.
Quel triomphe pour moi, quelle douceur extrême,
Si par mes ſentimens je m'aſſurois des tiens!

SCENE II.

LE ROY, MEGANYRE.

LE ROY.

CE jour doit vous offrir, adorable Prêtreſſe,
Un peuple à qui mon bras a prêté ſon appui.
Ses malheurs vous touchoient, ſon bonheur m'intereſſe,
Ne voyez que ma tendreſſe,
Dans tout ce que j'ai fait pour lui.

MEGANYRE.

Vous ajoûtez sans cesse à mon bonheur suprême ;
Votre vie a-t'elle un moment
Qui ne grave en mon cœur le Heros & l'Amant ?
Je puis toujours admirer ce que j'aime.

LE ROY.

Ma gloire est un de vos bienfaits ;
S'il est quelques vertus qui parent ma puissance,
N'en ai-je pas cherché dans vos yeux satisfaits
Et la source & la récompense ?

MEGANYRE.

La sagesse avec la valeur,
L'art de vaincre, le soin d'adoucir la victoire,
De votre Régne heureux tout accroit la splendeur :
Ah ! Qu'il m'est doux de croire
Que malgré tant d'éclat, de puissance, et de gloire,
Je manquois à votre bonheur ?

LE ROY.

Mon cœur avoit sû se défendre
Des objets séduisans dont s'embellit ma Cour ;
C'étoit vous, qu'il sembloit attendre.
Si je puis me flatter du retour le plus tendre,
Par des nœuds éternels couronnons notre amour.

MEGANYRE.

Non, à tant de grandeurs je ne dois pas prétendre.

Mais aux jeux de Cérès je préside en ce jour,
J'entens déja le Peuple, et ses cris d'allegresse;
Nous joindrons votre nom au nom de la Déesse.

SCENE III.

LE ROY, MEGANYRE, PRETRESSES DE CERES; PEUPLES D'ELEUSIS, CORIPHE'E DES PEUPLES.

MEGANYRE, ET LES PRETRESSES.

Pour la fete de Cérès,
Que d'attraits
La Terre étale!
L'Eté de ses feux
Exhale
Des parfums précieux:
L'Aurore plus matinale
Ouvre les cieux.
L'Astre des jours,
Qui s'interesse
Pour la Déesse,
Prolonge leur cours. On danse.

LE CORIPHÉE,

Alternativement avec le CHŒUR.

O Cérès, voi le zéle
D'un Peuple fidelle,
Nos campagnes, nos cœurs
Ressentent tes faveurs.

De tes soins bienfaisans
L'attente est certaine,
La saison nous raméne
Tes presens
Tous les ans.

Le plus rare avantage
Embellit ces lieux.
De tes dons heureux,
Nos premiers ayeux
Ignoroient l'usage.
Notre âge est encor
Plus doux que l'âge d'or.

C'est à tes fertiles moissons
Qu'on doit l'opulence:
Quels tresors égalent les dons
Que ta main dispense!

Vien

Vien marquer ta puissance,
Fai régner à jamais
Les plaisirs & la paix.

On danse.

LE CORIPHÉE,
Alternativement avec le CHŒUR.

Pour un Roy qui t'implore
Tu vins sur ces bords,
Tu fis éclore
Tes premiers trésors.

Veille sur ces lieux,
En faveur du Maître,
Rend le Peuple heureux.
Que de beaux jours vont naître!

C'est toi qu'implorent tous nos vœux:
Triomphe, aplaudis à nos jeux.

MEGANYRE, AUX PRETRESSES.

Allez au Temple, allez, par un nouvel encens,
Obtenez de la Déesse,
Que d'une égale richesse
Nos champs brillent tous les ans.

SCENE IV.

LE ROI, MEGANYRE.

LE ROI.

PRêtresse, aux immortels offrez nos sacrifices,
L'Olympe vous répond par les plus doux auspices :
Tous les tributs du zéle des humains
S'embellissent encore en passant par vos mains,
Et rendent les Dieux plus propices.

SCENE V.

LE ROI, MEGANYRE, ARCAS.

ARCAS.

LA Sicile, Seigneur, emprunte ici ma voix,
Pour rendre à vos vertus un légitime hommage :
Sa délivrance est votre ouvrage ;
Achevez son bonheur en lui donnant des loix.
Tout célébre votre courage,
Tout retentit de vos exploits.
Conquerir des Etats est un moindre avantage
Que de les devoir à leur choix.

LE ROI.

Le Ciel, qui m'a choisi pour briser votre chaîne,
Me défend d'usurper les droits de votre Reine.

ARCAS.

Mais refuseriez-vous, et sa main, et son cœur ?

LE ROI.

O Dieux !

MEGANYRE, au Roi.

Vous balancez sur un choix si flatteur ?

LE ROI.

Est-ce à vous, Inhumaine ;

A me proposer d'autres nœuds ?

L'Amour est plus jaloux ;

MEGANYRE.

Il est plus généreux.

LE ROI.

Vous plaisez-vous, Ingrate, à redoubler ma peine ?

MEGANYRE.

Croyez que je la sens .... mais pourquoi dédaigner

Un Peuple qui vous veut pour Maître ?

LE ROI.

Dans quelque rang que le ciel m'eut fait naître ;

Voudrois-je, hélas, vous perdre pour regner !

Avez-vous oublié ces Jours si pleins de charmes,
Ces Jours trop attendus & trop prompts à finir :
Mes soupirs, mes transports, vos jalouses allarmes,
L'absence d'un moment faisoit couler nos larmes ;
Suis-je seul à m'en souvenir ?

MEGANYRE.

Que sert-il d'y songer ? ... Recevez la Couronne...
Ah ! croyez-en l'Amour, c'est l'Amour qui l'ordonne.

LE ROI.

Non, l'Amour ne veut pas détruire mon bonheur.

J'ai cru trouver en vous, l'Amante la plus tendre.
Hélas ! Devois-je m'attendre
A cet excès de rigueur ?

Falloit-il recevoir mon cœur,
Pour me forcer à le reprendre ?

MEGANYRE, à part.

N'ai-je pas trop long-tems joui de sa douleur ?

LE ROI, A ARCAS.

Mon cœur n'est plus en ma puissance.
S'il est encor des Tirans à domter;
Si la Sicile encor craint quelque violence,
Pour son secours j'oserai tout tenter.

ARCAS.

Ah! Seigneur, permettez que dans ces lieux j'amene
Des sujets empressez de voir leur Souveraine.

LE ROI.

Arcas, expliquez-vous... Votre Reine en ces lieux!

ARCAS,

Aux pieds de MEGANYRE,

Nous la devons à vos soins généreux.

LE ROI, A MEGANYRE.

Vous, Meganyre, vous! Eh pourquoi ce mystere?
Pourquoi me cachez-vous un rang si glorieux?

MEGANYRE.

J'ai possedé sans lui le bonheur de vous plaire.

LE ROI.

Il n'ajoute rien à mes feux:
Je l'ignorois, et mon ardeur ſincere,
De l'hymen vous offroit les nœuds.

MEGANYRE.

Votre gloire m'étoit trop chere.

Notre hymen, juſqu'à ce jour
Eût fait murmurer la Gloire:
Mon ſort change, et j'oſe croire
Que la Gloire n'a plus à combatre l'Amour.

ENSEMBLE.

Quels tranſports charmans!
Quels heureux momens!
Objet de ma flâme,
Liſez dans mon ame
Tout l'amour que je reſſens.

LE ROI.

Nos cœurs, et nos Etats s'uniſſent pour jamais:
Rendons grace à l'Amour, célébrons ſes bienfaits.

On danſe.

SCENE VI.

LE ROI, MEGANYRE, ARCAS, LE CORIPHE'E,

PEUPLES D'ELEUSIS, PEUPLES DE SICILE.

LE CORIPHE'E, ET LE CHŒUR.

DE ce grand Jour éternisons la gloire :
Chantons un Roi chéri des Mortels & des Dieux :
Il fait le bonheur de ces lieux :
Quelle plus brillante victoire ?

On danse.

FIN DE LA TROISIE'ME ENTRE'E.

L'AUTONNE.

Quæ modo fila fuerunt
Palmite mutantur, de ſtamine pampinus exit. *Metam.* 4.

La Nature offre au goût tous les fruits de L'AUTONNE,
L'Art les imite auſſi, pour enchanter les yeux.
Les efforts des Mortels, et les préſens des Dieux
Sont autant d'attributs dont l'Amour ſe couronne.

ON a peint L'AUTONNE dans l'Iſle de Corcyre, où Homere a placé les Jardins d'Alcinoüs, où les fruits renaiſſoient ſous la main qui les cueilloit.

On a choiſi la fable de La Minéide, qui repréſentoit ſur la laine & ſur la ſoye tous les fruits d'après les plus beaux modéles que la Nature peut offrir.

Cette fameuſe Eleve de Minerve, vit ſa tapiſſerie métamorphoſée, et une treille véritable ſuccéder à celle qu'elle avoit tracée. Le prodige conſacroit l'ouvrage ; l'imitation de l'objet devenue l'objet même, eſt le triomphe de l'Art.

Ce prodige eſt ſemblable à celui que Bacchus opera dans une autre occaſion, lorſqu'il fit changer en treille le vaiſſeau des Tyrrheniens.

La Nymphe eſt aimée du Dieu dont elle a célébré les dons : il ſait lui plaire en flattant les talens auſquels elle eſt attachée.

ACTEURS CHANTANS.

BACCHUS, Le Sr Jeliote.

SILENE, Le Sr Le Page.

LA MINEIDE, La Dlle Chevalier.

UNE BACCHANTE, La Dlle Jacquet.

PERSONNAGES DANSANS.

FAUNES, ET BACCHANTES,

La Dlle Camargo;

La Dlle Dalmand, Le Sr D-Dumoulin, La Dlle Le Breton;

Les Srs Monſervin, Matignon, Javillier-C., Dumay, Dupré, Caillez, Feuillade, Malter-C.;

Les Dlles Carville, Lyonnois-L., Erny, Beaufort, Roſalie, Petit.

L'AUTONNE.

Le théatre représente le Sallon où la fille de Minée travailloit à ses fameuses tapisseries. On voit les cartons, les desseins & le métier tendus.

SCENE PREMIERE.

BACCHUS.

Amour, il te falloit, pour soumettre mon cœur,
Inventer de nouvelles armes.
Ariane autrefois m'a touché par ses larmes,
La beauté d'Erigone excita mon ardeur ;
Tu réunis dans mon dernier vainqueur
Tous les talens, et tous les charmes.
Amour, il te falloit, pour soumettre mon cœur,
Inventer de nouvelles armes.

SCENE II.

BACCHUS, SILENE.

SILENE.

Quoi ! Bacchus, qu'on a vu chez cent peuples divers,
Repandre des bienfaits, recueillir des hommages,
Veut-il borner ici ſa gloire & ſes voyages ?

BACCHUS.

Ami, que ces lieux me ſont chers !

SILENE.

De la divine Pomone
Cette Iſle eſt le vrai ſéjour :
C'eſt peu des fruits qu'elle donne,
Ils renaiſſent chaque jour
Sous la main qui les moiſſonne.

BACCHUS.

Un prodige auſſi rare, éterniſe à nos yeux
Ce ſpectacle qui naît & meurt avec l'Autonne :
La Nature eſt moins belle, et moins riche en ces lieux,
Que l'Art qui l'imite, et l'étonne.

La Nimphe, qui possede un don si précieux,
La fille de Minée occupe ici mes vœux.

SILENE.

Avez-vous triomphé de son indifference?

BACCHUS.

J'attens tout mon bonheur de ma perséverance.

* *Qu'elle trace Venus, les Graces, et les Ris,*
Ou du Maître des Dieux quelque tendre conquête.
On me consulte, j'applaudis,
Sur moi quelque regard s'arrête:
Je demande des traits plus doux, ou plus hardis,
Mes conseils sont peu contredits,
Et des secours, que je lui prête,
Je vois de loin l'Amour qui me montre le prix.

SILENE.

Mais pourquoi d'un Mortel emprunter l'apparence?

BACCHUS.

Le voile qui me couvre est plus doux qu'on ne pense,
Le Dieu nuiroit à l'Amant:
Mais par mon déguisement,
De l'objet de mes feux j'obtiens la confiance.

* Sic sedit, sic culta fuit, sic stamina nevit. *Fastor.* 2.

SILENE.

Par un agréable détour
Vous volez à la victoire :
Vous devrez tout à l'Amour,
Vous n'empruntez rien de la Gloire.

BACCHUS.

La Nymphe va se rendre à ses nobles travaux ;
Ses regards arrêtez sur des objets si beaux,
Me laisseront jouir de sa présence :
Eloigne-toi, je la voi qui s'avance.

SCENE III.

LA MINEIDE, BACCHUS.

LA MINEIDE,

En regardant son ouvrage.

DEs leçons de Minerve objet & récompense,
Agréables travaux vous comblez mes desirs.

Les beaux Arts sont les vrais plaisirs:
Plaisirs purs, et toujours goutez en assurance,
Sans vous, le sombre ennui pese sur nos loisirs.

Des leçons de Minerve, &c.

Appercevant BACCHUS.

Je vous souhaittois en ces lieux.

BACCHUS.

Que ce souhait m'est précieux!
On court risque de vous déplaire,
A vanter de vos yeux les charmes souverains:
Mais on peut admirer sans être témeraire,
Tous les prodiges de vos mains.
Du Génie & de l'Art cet heureux assemblage,
Ces Tableaux animez, ces tissus immortels,
Tout enchante mes sens, et voilà les autels
Où le Gout vous rend son hommage. *

* Denique nostra juvat lumina quidquid agis. *Ovid. Heroid.*

LA MINEIDE.

Peu content d'animer mes timides essais,
Vous préparés, vous hâtez mes succès.
C'est vous qui de Bacchus m'avez conté l'histoire,
De son triomphe on dresse les aprêts;
Je veux qu'il trouve ici des traces de sa gloire.

Elle lui montre le Carton de la Naissance de BACCHUS.

Donnez-moi vos conseils sur ce Dessein nouveau...
Les flâmes, les éclairs entourent son berceau.

BACCHUS.

Il est l'enfant du tonnerre,
Mais c'est le Dieu de la paix:
Et les plaisirs désormais
Vont le suivre sur la terre.

LA MINEIDE.

Sa mere Semelé fut digne d'enflâmer
Le Dieu, dont l'univers adore la puissance.

BACCHUS.

Bacchus fidelle à sa naissance
Ne doit vivre, que pour aimer.

LA

LA MINEIDE.

Je m'en suis souvenue, et j'ai su l'exprimer.

Elle montre le tableau d'ARIANE & BACCHUS.

Ici, pour Ariane, on le voit qui soupire,
Il est à ses genoux.

BACCHUS.

Mais, si j'ose le dire,
La Nymphe étoit moins belle, il avoit moins d'ardeur,
La pitié seule intéressoit son cœur.

LA MINEIDE.

La pitié! Vos récits auroient dû m'en instruire.

BACCHUS.

J'effacerois l'Amour, qui le suit de si près.

LA MINEIDE.

L'aurois-je mal rendu?

BACCHUS.

Non, voilà tous ses traits.
Enfant timide, il porte un carquois, et des aîles,
Un flambeau dont les étincelles

Nous éclairent ſur notre choix :
Vainqueur rapide, il régne, et fait régner les Belles,
Leur triomphe eſt le ſien, il voudroit à leurs loix
Ne ſoumettre jamais que des cœurs dignes d'elles.

Je vois plus d'un Rival dans vos fers arrêté,
Et malgré vos rigueurs, leur feu s'accroît encore.
Ils aiment.

LA MINEIDE.

Je le crois.

BACCHUS.

Aimez-vous ?

LA MINEIDE.

Je l'ignore.
Je ſouffre avec tranquilité
Leur diſcours & leur ſilence :
Je n'ai craint ni ſouhaité
Leur départ ni leur préſence.

BACCHUS.

Quoi, votre cœur toujours croit être en ſureté
Contre l'Amour & ſa puiſſance !

LA MINEIDE.

Eſt-ce un ſi grand bonheur de ſe laiſſer charmer ?

BACCHUS.

N'en doutez pas.

LA MINEIDE.

Enfin, qu'eſt-ce qu'aimer ?

BACCHUS.

Aimer, c'est ne penser qu'à l'objet qu'on préfére,
C'est lui sacrifier tout ce qui peut nous plaire,
C'est mourir de l'absence & revivre au retour.
Mélange de joie, et de larmes,
Troubles, secrets desirs, que l'on craint tour à tour
D'étouffer & de mettre au jour,
Ah, l'on vous ressent mieux, qu'on ne dépeint vos charmes!

LA MINEIDE, à part.

Ses discours n'ont-ils point un charme dangereux?
Non, mon cœur est toujours paisible.

BACCHUS, à part.

Elle rêve, se trouble, et détourne les yeux.

LA MINEIDE, à part.

L'écouterai-je encor?

BACCHUS, à part.

Seroit-elle sensible?
Ou l'excès de mes feux séduit-il mon espoir?

LA MINEIDE, A BACCHUS.

Si c'est ainsi qu'on aime, il ne faut plus nous voir.

BACCHUS.

Vous me fuyez!

LA MINEIDE.

J'y ferai mon possible.

BACCHUS.

Amour, voici l'instant d'annoncer ton pouvoir.

CHŒUR, deriere le Theâtre.

Suivons Bacchus, suivons tous notre Maître
A la trace de ses bienfaits.

LA MINEIDE.

Eh quoi, ce Dieu va paraître!
De mille chants nouveaux retentit ce Palais.
Allons... mais dans ces lieux tout a changé de face.

Le théatre change, et représente des Treilles & des Pampres de vignes qui embrassent les arbres.

Que vois-je! Quels trésors aux arbres suspendus!

BACCHUS.

Tandis que votre main les trace,
L'ouvrage est achevé par la main de Bacchus.

LA MINEIDE.

Que n'êtes-vous ce Dieu?

BACCHUS.

Ce souhait fait ma gloire.
Les vœux d'un Dieu vous étoient dûs,
A vos regards je ne me cache plus.
Voyez quel appareil orne votre victoire.

LAMINEIDE.

Bacchus, par mille soins touchans,
A préparé le succès de sa flâme:
Saisir nos goûts & flatter nos penchans,
* *Est le plus sûr moyen de régner dans notre ame.*

ENSEMBLE.

L'Amour nous devoit ses faveurs,
C'est de vous qu'il dépend de les rendre éternelles:
Il régne, il enflâme nos cœurs,
Qu'il n'en soit point de plus fidelles.

BACCHUS.

On améne à vos piés mes peuples satisfaits,
Ce n'est qu'à vous qu'ils doivent mes bienfaits.

* Quidquid probet illa, probato. *Art. Amat.* 1°.

SCENE DERNIERE.

BACCHUS, LA MINEIDE, SILENE, EGYPANS, BACCHANTES.

SILENE, ET LE CHŒUR.

Triomphez de Bacchus, les plaisirs sont ses armes,
Il déroboit des sujets à l'Amour:
A ce vainqueur il se rend à son tour,
Sur nos jours, sur les siens versez les plus doux charmes.

On danse.

LA MINEIDE.

Tout ce que je vois, me présage
Le plus doux avenir, les plus tendres plaisirs.
Jamais un plus brillant hommage
A-t'il d'une Mortelle enchanté les desirs?
Je céde à l'Amour,
Je craignois sa flâme,
Il change mon ame
Comme ce séjour.

On danse.

BACCHUS.

Régne, charmant Amour, joui de ta victoire,
Enchaîne nos momens par les ris & les jeux,
Ma liberté faisoit ma gloire,
Ma défaite est encor plus charmante à mes yeux.

On danse.

SILENE, UNE BACCHANTE,
Alternativement avec le CHŒUR.

Dieu de nos cœurs,
Les nobles fureurs,
Qui nous saisissent,
Qui nous ravissent,
Sont tes plus cheres faveurs.

On danse.

SILENE, UNE BACCHANTE,
Alternativement avec le CHŒUR.

Qui céde
A tes transports,
Possede
Tous les trésors.
Dieu redoutable,
Dieu favorable,
Ton Tyrse aimable
L'emporte sur les dards
Du dieu Mars.

TOUS.

O Bacchus,
Tous nos vœux te sont dûs.

CHŒUR DE BACCHANTES.

Les Jeux, les Ris
Te sont soumis,
Le fils
De Cypris
Te doit sa gloire;
Tu peux hâter
Sa victoire,
Ou l'arrêter.

CHŒURS.

Dieu de nos cœurs,
Les nobles fureurs,
Qui nous saisissent,
Qui nous ravissent,
Sont tes plus cheres faveurs.

FIN.

www.ingramcontent.com/pod-product-compliance
Ingram Content Group UK Ltd.
Pitfield, Milton Keynes, MK11 3LW, UK
UKHW031938260826
14628UKWH00004B/1720

9 782329 366210